JN409427

詩가 있는 향기

詩가 있는 향기

지은이 | 조원도
발행인 | 임수홍
편 집 | 안성훈
디자인 | 맹신형

초판 인쇄 2014년 8월 16일
초판 발행 2014년 8월 20일

펴낸곳 | 도서출판 국보
주 소 | 서울시 강동구 양재대로114길 32 2층
전 화 | 02-476-2757 / 476-7260
팩 스 | 02-476-2759
이메일 | kbmh11@hanmail.net
홈페이지 | http://cafe.daum.net/lsh19577

값 10,000원
ISBN 978-89-93533-71-2

이 도서의 국립중앙도서관 출판시도서목록(CIP)은 서지정보유통지원시스템 홈페이지(http://seoji.nl.go.kr)와 국가자료공동목록시스템(http://www.nl.go.kr/kolisnet)에서 이용하실 수 있습니다.(CIP제어번호: CIP2014007980)

바다20호 조원도 작품

마음의 시 교실에서

| 시인의 말 |

늘 시를 생각한다.
살아 있음을 확인 하듯이

문학의 장르 중에서 고독의 세련미와
상징성을 소유하고 있는 시를 접하면서

시인이 추구하는 방향과 자기 표현이 각기
다르지만 그 밑바탕에는 낭만적인 요소가
흔히 깔려 있다.

긴 세월 나는 그림을 그리기 시작하면서
병행하여 시 작업을 시작하였다.
나의 삶에 밑거름이 되신
문단 선배님이 수많은 사랑 잊지 않겠습니다.

나와 내 가족에게도 아름다운 날들을 사랑하며
살겠습니다.

감사합니다.

2014년 8월

금정산 솔바람이 내리는 창가에서

조원도

조원도 님께

안녕하십니까!

대통령께 정성스런 격려와 응원의 시가 담긴 서신을 보내 주셔서 진심으로 감사드립니다.

귀하의 나라를 염려하시는 마음과 뜻을 깊이 새겨 국민 여러분과 함께 희망찬 선진국가로 나아가도록 더욱 노력하겠습니다.

새해에도 변함없는 관심과 성원을 부탁드리며 귀하의 가정에 건강과 행운이 함께 하시기를 기원합니다.

새해 복 많이 받으시길 바랍니다.

감사합니다.

대 통 령 실

C o n t e n t s

떠나야 할 이별

Contents

바람은 충분하다

Contents

3부 행복한 이름

Contents

고요한 밤중인데

Contents

5부 고독이 좋아서

제1장 떠나야 할 이별

애가 탄다
채워지지 않는 나의님이여!
옛말에 남자가 더
사랑해야 된다더니!

강

늠실늠실 출렁이며
굽이굽이 구비치며

가뿐가뿐 따라흘러
팔순의 강 건넜건만

이대로 굽이쳐 흘러가면
닿는 곳은 어딜까

문주란

한 마리
천상의 학처럼
고고하게 솟아오른
의연한 푸른 기둥
연두빛
주머니에 수줍은 감싸여
순결한 꽃망울
시나브로 지새운
지친 나날들
달빛마저 숨 고르는
고요한 삼경
아 숨 가쁜 그 입김
태동의 아픔이여!
젖빛보다 맑은 향기
하늘가에 맴돌아

실업자

가난은 깃발처럼
바람에 펄럭인다

한쪽 눈 반 쯤 뜨고
어둠에 취한 너

눈부신 아침이 와도
일어설 수가 없네.

사랑의 밧줄

종이는 풀로 붙여야
떨어지지 않고요

나무는 못을 박아야
단단히 붙여 있죠

아내는 무엇으로 묶어야
떨어지지 않을까요

떠나야 할 이별

나는 부산항 눈물에 이별
손의 밧줄로 밤하늘
새별 파리공항 파리는 비가
오고있네
걸인 방에서 눈물의 빵
아– 사랑하는 내 조국 어머니
용서를 하옵니다
내 조국 부산항아 갈매기를
불러다오.

황혼

희끄므레한 낡은 벽지를 두른 사방 벽 가운데
쪼그랑 할매 서너 명 화투 패를 돌린다
관절염을 앓는 김할매 두 다리는 쭉 펴고
허리 디스크 최할매 누운 채 신세타령이다
아리고 아린 속 살점 모두 베어
자식들에게 나누어 주고
껍데기만 남은 헛개비들이
산전수전 다 지나 황혼빛 가득한 경로당에 모였다
입담 좋은 강경댁 아들자랑 사위자랑 허풍을 떨지만
남모르게 속앓이 하는 그 사정을 모를까
돌아갈 수 없는 흘러간 그 세월을 끌어와
입담으로 헤아려 보지만
멀지 않은 날 서산에 지는 해를 따라
하나둘 자기별을 찾아 떠날 것이다
붉은 저녁노을이 쓸쓸한 경로당
유리창을 기웃거린다.

사도의 길

올바로 가르치고 이끌기 위해
사도들은 꽃향기 맡을 새도 없다
때로는 눈보라 몰아치는 벌판을
지날 때도
너무 힘들어 남몰래 눈물 흘릴
때도 있네
모든 고초 이겨 나가노라면
언젠가는
보람과 긍지를 느끼며 명예롭게
은퇴하리라.

사랑하는 금정아

오 사랑이여
금정은 하나
오직 우리를 비추고
사랑의 태양만이
영혼을 자라게 하네
사랑해 주세요
이것은 우리 마음이다
금정 마을의 웃음과 욕구를
하나로 만들어 주소서
아~
이를 사랑하는 금정아
진정한 축복이 오너라.

변한 아내의 욕심

초산의 진통 못 이겨
젊은 아내가 울부짖었다

여보 다시는 내 곁에 오지 말아요
마침내 딸을 얻어 백일이 되자

아내는 코 먹은 소리로
이번에는 사내를 낳고 싶어요.

달아

만월은 하나인데
담연에는 백월이네

양친부모 모셔다가
천년만년 살고지고

그 소망 이룰 수 없는
백일몽이었던가

장모의 속셈

삼동 내내 허해져서
처가 찾은 사위에게

사위 사랑 장모라고
햇병아리 대접하니

심봉사 눈뜬 것 같다는
사위 말에 내 딸도

눈 좀 뜨게 해주렴.

마지막 연인

울던 휘날리며 매워주는 사랑 줄로
눈물에 이별있네

밝아오는 때까지 사랑기 휘날리며
봉사하며 살리라

친구 되어 언니 되어 주시고 원수들도
사랑하게 새 마음을 주소서

그 사랑 안에 I LOVE YOU 영원히
빛나게 살겠네.

가정

금정산 대지의 자궁을 열고
눈부신 아침을 맞는다

나의 작은 방에는 잔잔한
미소의 애기 노래가 있네

금식아 세상이 너무도 고와
자꾸만 눈시울이 붉어진다

봉사하는 당신이 얼마나 먼
길을 걸어 내게로 왔는지

이제야 가정과 이웃 당신을 느낍니다.

윈드서핑

파도와 바람에
판과 돛을 실어

8월의 태양아래
푸른 물결을 가르며

끝없는 질주疾走의 쾌감快感
만개하는 자유여

내가 울던 일본

꽃피어 변신할 짜릿한 향기
떠나야 할 내 조국

불타는 희망을 다져 있네
하루에 수차례 떠나고 싶은 마음

떠나야 없다는 그 사실을
그 분은 알고 타들어간 가슴

심장이 숨 쉬고 있는 것은 아직도
남아 있는 부르고 싶은 노래가 있다.

내가 돌아온 부산항

투박하나 더없이 정겨운 소리
원초적인 삶이 넘쳐나는 곳
용두산의 목소리
자갈치의 목소리
오륙도의 목소리

언제나 붐비고
할머니의 해조음 띤 음성

돛단배 북 오고 있네
갈매기 갈매기이다

내 귀에 가만히 속삭이고 있었네
이제 곧 겨울이 간다
이제 곧 봄이 온다

내가 돌아온 부산항 몸부림치며
뼈 속에 기도하고 돌아온 영광이다.

시

시는 시인의 눈물이다
시인의 아픔이다

시는 여러 가슴들을 달래준다
외로울 땐 친구가 되어 준다

시인의 눈물로
여러 사람이 위로를 받는다

그럼
시인의 눈물은 누가 닦아줄 것인가
시인의 아픔은 누가 달래줄 것인가

친구

마음과 우정을 나누는 친구여 만나면
행복하게 미소 짓는 인생을 논하며

즐거운 어깨를 나란히 꿈을 실은 대화의
창으로 화답하는 의지와 자존을 지키는

가슴 깊이 정성이 새겨진 영원히 정다울
고마운 아름다운 세상 속으로 함께 나설

저 하늘 태양처럼 따스한 친구들이여

사랑

무한한 처녀의
사랑이 있고

성실한 남자의
사랑이 있고

두려움 모르는 젖먹이의
사랑도 있네.

제2장 바람은 충분하다

나뭇잎이 흔들리는 것을 보고
바람을 볼 줄 알며
잎이 눕는 것을 보고
바람의 방향을 알 수 있네
우리가 알아야 할 것은 더 이상 없네

공쳤어

같은 말인데
골프치고 온 아줌마와
생선 팔다 온 아줌마는
왜 표정이 틀릴까
왜 그럴까

우울해 지는 이유

잊으려는 고통보다
잊혀지는 슬픔이
더 크기 때문에

요즘 우리는

이별 하려고
사랑을 하고 있네.

취미

니가 내 취미였나봐
너 하나 잃어버리니까

모든 일에 흥미가 없다
뭐 하나 재미난 일이 없어

욕심

단 한번만이라도 듣고 싶다고
당신 입에서 나온 내 이름을
단 한번이라도 보고 싶다고
당신 눈에 비친 내 얼굴을
날 잊을 수 없을 것 같다고
잊지 않겠다고
그냥 해본 소리라도 좋으니
단 한번이라도 듣기를 원하고 있다고

고맙고 또 고맙습니다

목마르면 마실 줄만 알았지
퍼 올리길 해봤나
길어 올리길 해봤나

갈증 해소되고 나면 그 뿐
인사한 적 없으면서
버리다 짜다 달다 밍밍하다

입맛만 키웠지

넘치는 저 물 목숨임을
살아있는 동안 깨달을 날이 올까

바람은 충분하다

나뭇잎이 흔들리는 것을 보고
바람을 볼 줄 알며
잎이 눕는 것을 보고
바람의 방향을 알 수 있네
우리가 알아야 할 것은 더 이상 없네
이제 연을 띄우면 되네
언제 줄을 당겨야 할지는
연을 띄운 후에 하면 되지.

일본아 용서하고 반성하라

옳은 길 따르라 창검을 부수고
진리에 살겠네

왜장들아 얼굴 뵙기 손에 칼을
따라 길로 가라

죄 값으로 지옥형벌 너도 일본아
받겠구나

악은 뿌리 깊게 어둠 뚫고 가라
아~

불쌍한 일본아 죽어가는 인생아
쇠사슬을 끊어라

사랑하는 조선아 여인아 어서 오너라
평화로운 독도 거문고 울리니

시월에 쓰는 편지

햇살 짧은 오후에는
낙엽 지는 소리

한날 그리움은
빨간 단풍 잎새

가슴속에 새긴
그대 얼굴은
치자꽃 내음

목련은 꽃 떨어진 자리에
새해를 준비하는데

지난날을
더듬어 보면

그리움 한 아름
바람만 분다

그리고 나는

배고픈 설움

살아가는 동안 절대로
격지 말아야 할
설움이 있다면
그것은 배고픈 설움이라고
단호히 말하고 싶네.

형

사랑하는 형님
형 사랑합니다

아~ 형님~~

기도 1

저 하늘 달빛을
두 손에 모아
불을 피우고

가녀린 영혼이
주문을 외며

슬픔은 꽃잎 되라
아픔도 꽃잎 되라
외로움도 꽃잎 되라

주문에 걸린 꽃잎은
촛불 속으로 날아들어

슬픔이 녹아내리고
아픔이 녹아내리고
외로움도 녹아내린다.

보석

호숫가에 원을 그리며
내리는 빗줄기도
보석 위에 빛을 내는 십자성의
반짝이는 빛들로
젊은 날이 우리의 지와 덕을
추구하는 날들의 아름다운
시간의 즐거운 감각의 춤
연못가 수련 위의 맑은 물방울처럼
영롱한 고운 그대 마음

어머니

당신의 가슴이 좋았습니다
노송의 시원한 그늘처럼
품안에만 있어도 행복했습니다

귀밑머리 찬 서리 내리고
붉은 단풍빛 아픔을
볼 수 있는 중년이 되니

애처롭습니다
눈물 감추려 불렀던 노래 가락이
하품이라며 흐르던 눈물이

공허한 가슴
토닥이는 한줄기 햇살처럼
환한 빛을 주셨듯이
내 전부를 드리고 싶습니다

어머니
내게 가장 큰 사랑이고
뜨거운 태양입니다.

님은 떠나고1

님아
아름다운 님아
억만 겁 전생 연으로
만난 님아
이 세상 고통의 굴레 버거워
애처롭게 울던 님아

님은 떠나고2

님아 님아
그리움에 지친 나를 두고
무거운 짐 혼자 지고
애처롭게 울고 있나

돌아와 내게 돌아와
어화둥둥 내 사랑아

사랑하는 어머니

어머니 하이얀 살결
가르며 나 세상에
나올 때
나 울었지만 어머니 웃었지요
사랑하는 어머니 영롱한
이슬처럼 맑은 물 어머니
내 어머님

사랑의 불꽃1

그대 사랑 아주 가까이 머물기를
청했을 때 그대가 나에게 돌을 준
적은 결코 없다
그러나 내 마음은 가끔 돌과 같다
내 삶 속에 있는 그대 사랑에
완고했고 눈멀었다
그대의 평화가 없네.

사랑의 불꽃2

내 메마른 삶이 그대의
사랑으로 변할 때
투명하게 나를 바꾸어
그리고
돌이 변해 사람이 되게 하고
그대 사랑의 불꽃으로 생동케 한다.

제3장 행복한 이름

어머니
아버지

크게 소리쳐 불렀을 때
코끝이 찡해지고

가슴에 사무치는
행복한 이름이여

청포의 추억

푸른 오월
호수가 잔물결에
옛 추억 그리며
긴 잎새 한들거리는
오월의 창포여

삼단 같은 검은 머리
창포 향 가득 담아
사랑에 취한
님과 함께 황홀했던
그날 밤 창포의 꿈이여

창포 향 긴 댕기머리
오월 창공에 휘날리는
오월 단오의 지나간 추억

가슴앓이

복잡한
마음들을
바람에 다 날려보내

아름다운
사랑 나누어
옛 추억 더듬어

냉가슴
시름 달래어
고운 날만 갖자구나.

그리움

내 그리움
구름 되어라
떠돌다 돌다
엉켜버린 잿빛 서러움
부서져 내리는 빗물
목마른 대지
빗물 되어라 그리움

봄

시린 바람 삭혀 버린
언덕 빼기
휘어진 오리나무
하늘 밭 듬성듬성
초록잎사귀

진달래 한 잎
머리에 꽂아 본다
허드래진 개나리
다발로 건네주던 얼굴
환히 웃고 있다.

초생달

어둔 밤
실눈썹 한쪽
바래고
또 바래고
삭혀진 울음
밀려드는 어둠
달래고 있다.

거울

누구였더라
굽이굽이 돌아
바래진 얼굴 하나

처연한 눈빛 속에
저며 오는
묻어 버린 세월

멀리
어른거리는 붉은 얼굴
노을에 사라진다.

매화

누굴 기다리는지
눈이 시리다
행여 오시나
빼어진 고개
푸른 보리밭 종일토록
아지랑이 타다 만 가고
산그늘에 묻혀진 언덕
하얀 발자국
오늘은 어느 집 처마 끝을
기웃거리는지

그림자

잊어야지
잊어버려야지
돌아누워
눈을 감아도
질끈 눈을 감아도
어둠속을 파고드는
진한 새김질
은밤
하얗게 지새우고 있다.

봄비

뜰에 내리는 소리
그리운 발소리
바람 불면 돌아섰다
다시 돌아와
쪼락거리는 소리

내다보면
불빛 따라 은사 한 다발
마음 적시고
온 밤을 뒤척이는
봄비 내리는 소리

원고지

문고리 부여잡은 손
저려 오는데
열어줄 듯 열어줄 듯
잠가 버리는
이 백호 철재 문
차단된 어둠 속
맹한 가슴 하나
뒹굴고 있다.

바닷가에 서서

무언가 그리움이나
우연히 만나는 반가움
꿈에서 느껴보는 연인
아련히 떠오르는 추억
다가올 겨울의 기대감
이런 생각이 떠오를 때
한번쯤은
바닷가에 서서
조용한 시간을 보내다.

행복한 이름

가슴 속에 담아둔
이름이다

눈물 나게 아름다운
이름이다

가시고기처럼
거미처럼

자신의 육신과 정신을 희생하는
고마운 이름이 있다

어머니
아버지

크게 소리쳐 불렀을 때
코끝이 찡해지고

가슴에 사무치는
행복한 이름이여

호롱불

캄캄한 밤 새벽 별 환하게 비추어지니
새날이 밝아오고 하루 일과 시작되고
어두운 밤이 되고 보니 호롱불이 그립구나
등하불명 그 밑에 학습하던 어린 날에
파란 꿈을 꾸어오던 그 시절 그리웁고
세월이 흘러 흘러서 현실감에 젖는구나.

세월

삼월 샛바람에 석회가루 날리며
어머니도 보내고 딸도 보내고
살아생전 나에게 욕심 하나 없던
그들과 긴작별을 하네
보낼 수 있는 나이 견딜 수 있는 가슴
찬바람에 옷깃만 세웠지
불행하지 않으려고 행복 쫓아다녀 봐도
홀로 남은 행복은 불행처럼 서운하네
불행도 행복일 때가 있다면
마주앉아 올 수 있어 차라리 행복인 것을
우리가 함께 했던 지난날은 비린
그리움 되어 초연한 세월을 애타게 흐르네.

깊이 사랑합시다

충분히 노력했다고
생각될 때
한걸음 더 나아가
깊이 사랑 있다
언제나 마음을 활짝
열어 깊이 사랑을 하고 있네.

사랑이 폭풍처럼

그대의 친절함이 나를
만들었으므로 나도
친절하네
운명이 아니라 사랑이
내 인생을 계획합니다
그대의 사랑이 폭풍처럼
밀려올 때 나는
즐겁게 그 안으로 들어가겠다
다른 사람이 그대의 사랑을
비웃더라도
나는 비둘기처럼 얌전히 있겠네.

인연

천리 길 사이에 두고
너는 저 끝에서
나는 이 켠에서

보이지 않는 끈
움켜잡고
저미는 생채기

높은 벽 쌓여 가는데
시린 바람
뼛속을 파고든다

끊어 버릴 수 없는 줄
차라리 놓아 버리자
노을 속 나란히 걸어간다.

상처

그것은 일순간이었네

너와 나 찰나적인 마주침
전광석화의 번쩍거림 뒤
지울 수 없는 깊은 자국의
골짜기

네게로 쏟아지는 싸늘한 시선
밀려드는 후회의 일렁임
부질없어라

조용히 끌어안으며
쓰다듬어야 하네
더운 손으로 이루어야 하네.

첫사랑

첫사랑이 준 애틋한
마음

한평생 가슴에 안고
살아가는 삶

그 첫사랑의 아름답고
고결한 인생

세월이 자나도록
지워지지 않게끔

아~ 한사람 한명 뿐이네.

제4장 고요한 밤중인데

어두운 밤은 깊어
천리가 고요하고

꿈에서 노닐다가
깨어서 일어나니
어디서
날아 왔는지 소쩍새 우는구나.

자기야 같이 살자

봉사하는 자기야 밥 안 먹었지
이리 와서 밥 같이 먹자
눈빛만 보고도

미운 앙금은 녹아내릴 것 같네
나이가 문제가 되리
마음의 문도 활짝 열고

금정마을 단칸방이지만
말만 많은 시 어머니
자기야 같이 살자.

봄날 오후

화창한 오후 나무도 피곤한지
비실비실 졸고 있다

살살 거리는 봄볕은 아장아장
환한 웃음으로 달려온다

빛 고운 푸른 잎은
목이 탈까 봄비 가득 담아
졸고 있는 나무 위로 내던지고

살 끝 시린 바람 끝에 놀란
새 소리만 왈칵 쏟아진다.

책갈피 단풍잎

사랑이 가슴에서 충만했던
연애시절에 단풍잎
주워다가 좋아하는 시집에
갈무리해 두었는데
세월은 물같이 흐르고
어느 날 문득 시집을 펼치는
순간 그때의 벅찬 사랑이
찐하게 전해 오네.

모란꽃

샤넬 향수 뿌리고
단 한 번의 바람으로
스르르 떨어져 버린다

10월의 첫날밤을 보낸 후
5월에 바람난 모란 꽃
술 향기에 취해 사내 품에 취해

일 년을 기다려도 다름이 없을
것인데
세월은 어떤 이유로 기다려
주는가
모란을 사랑하는가.

비 오는 날

하늘에서
슬픈 울음소리 들리면
날 창가에 세우게 하고
고개를 떨구게 한다

사랑을 고이 담아
추억을 스쳐 지나게 하고
타오르는 마음 곱게 접어
널 보낸 후에 멈추게 한다

떨어지는 빗방울은
땅에 부딪히는 난타 음악
우렁차게 파도치는 마음속에
고요함을 살그머니 훔쳐온다.

은발

그것은 평생 삶을
같이 해온 동반자
한 올 한 올에 희노애락의
세월이 묻어 있다

기차

푸른 차창 너머로
영원의 순간을 달린다

광야를 질주하여
순간의 영원을 떨쳐 버린다
어느새 목적지가 눈앞에
천수를 활짝 펴
뜨거운 가슴으로 포옹을 한다.

그리움이여

어제 떠오른 이름 하나 둘
내일 지우고픈 이름 하나 둘
오늘은 그리운 이름 하나 둘

눈 감으면 그려지는
지우려면 마음 아픈
차라리 안 그리운 얼굴이면 좋겠다

바람결에 속삭이고
구름 위에 미소 짓는
내 마음의 악보 속에 옮겨 본 그대

모과

홀연히 어디선가
반겨주는 사람
울퉁불퉁 제 멋대로
생긴 것이
콧속을 휘감아 돌아
기쁨의 눈물이 나게 하네.

은총

병들어 아플 때에
더욱 간절해지는 나의 기도

외롭고 슬플 때에
더욱 뜨거워지는 나의 기도

괴로울 때에 드리는 기도는
기도함으로써

부끄러운 기도이지만
더욱 겸허해지는 마음
몸을 낮추고 마음을 낮출 때에
내 안에 넘치는 은총

우리가 기적

누군가를 사랑한 삶은
기적이라고 한다
누군가의 사랑을 받았던
삶도 기적이라고 했다
그러나 우리의 삶은 어쩔 수
없이 기적 있네
무엇이 더 필요한가

오늘

내 여생의 첫날이
휘장을 들어올렸다

밤새 켜둔 서랑의 등잔
심지 돋워야겠다.

이런 젠장

생각이 날 때마다
술을 마셨더니
이제는
술만 마시면
생각이 나네.

화가

그림을 그린다
예술 혼을 불태우고

상처받은 영혼으로
그림을 그린다

지금도 어디선가
화가의 눈물이 보인다.

시가 있는 향기

비가 내린다
시는 뜨거운 향기
아름다운 꽃
시가 있는 향기 길을
나선다.

고요한 밤중인데

고요한 밤중인데
달빛은 대낮같고

바람은 불어와서
창문을 두드리니
풍광과
어울리고자 잠에서 깨어났네

어두운 밤은 깊어
천리가 고요하고

꿈에서 노닐다가
깨어서 일어나니
어디서
날아 왔는지 소쩍새 우는구나.

봄비

이른 아침부터
속살거리는 애기
소리에 잠을 깼다
때 이른 봄 아가씨
아직은 너무 춥다고
유리창에 눈물 뿌리며
울고 있었다.

시계 그림

토담 어우러진 사이길
시간의 정화수 지나가네

창호지 문틈 사이 햇살 얼굴
긴 바늘 짧은 숫자 자매 하자네

사주팔자 다듬으려
연지 찍고 웃음 키워도

쪼그라진 입술 사이로
구리 빛 틀니 시간을 넘는다.

숨어오는 바람

그대 그리운 날에는
꽃비가 내리고
그대 보고픈 날에는
장미 향기가 났지

봄은 여름으로 떠나고
상처 난 가슴은
몸살을 하는데

잠을 자도 눈을 떠도
그리운데
그리운데
난들 어쩌겠소.

제5장 고독이 좋아서

고독이 몸부림치는 날
어김없이 비는 내립니다
사무치게 파고드는
고독이 정말 좋아라.

섬

땅덩어리 하나가
바다를 헤엄치다
잠시 머물고 있다

그곳에서
갈매기를 부른다
하늘을 본다.

낙화암

생명의 분신
보고픈 정 물안개처럼
피어오른다
가슴은 퍼렇게 멍들어
바위가 되고
그리움은 오늘도 꽃잎 되어
내려앉는다.

고독이 좋아서

고독이 몸부림치는 날
어김없이 비는 내립니다
사무치게 파고드는
고독이 정말 좋아라.

들꽃의 향기

부드러운 봄바람에
살포시 미소 짓는
작은 꽃들의 향기

수줍은 듯 배시시 얼굴 내밀어
초록 잎 하늘하늘

들녘에도 산골짝에도
보아주는 이 없어도
언제나 다소곳이 그 자리에

들어내지도 뽐내지도 않는
잔잔한 향기로 주위를 밝히는
너의 그 고운 자태에

벌과 나비도 찾아드는구나
그 이름도 찬연한 한 떨기 들꽃이어라

사랑

말과 혀로
사랑하지 말고
행동으로
진리 안에서
사랑합니다.

소망

얼굴을 비추어 보는
거울이 아니라
마음을 비추어 보는
거울 하나
가지고 싶네.

사랑

서투른 사랑으로
불같은 키스와 맞서며
잔인한 매질로 애증을
키웠다

사랑의 갈증은
장미빛 사랑을 꿈꾸지만
고슴도치 사랑에 핏 빛
눈시울만 촉촉한 밤이다.

항아리여

뚱뚱배 으스대며
빈속 채워주기 기다리나
허기진 빈 가슴이여도
언제나 의젓한 그대
조선 백자 항아리여 오랜 날을
시와 그림으로 단장하고
겨레 숨소리
드넓게 안겨 주는구나.

허무

낙엽이 떨어지면
한줌의 흙이 되고

사람도
죽고 나면
한 줌의
흙이 되니

인생사
허무타 말고
즐기면 살자구나.

길목

바람 속으로 또 가을이 지났다
열두 장 가운데 이제는 한 장 반

긴 어둠을 타고
나는 가고 있다

여행처럼 찾아들 계절을 그리며
하늘을 보면 파아란 색이 가득

꿈틀거리는 그리운 생각들
어디선가 저녁연기처럼 피어날 것 같은데

폭풍우 몰아쳐도

모든 것이 앗기고 떠나가
가슴 쓰리고 아려서 울부짖던 날
마음을 열고 파란 하늘 빛 쏟고
솔바람으로 위로하는 그대

인연의 줄을 끊고
배신과 허무로 절망의 물빛 그득한 날
어지러운 머리 기댈 수 있도록
넓은 어깨 내어주는 그대

외로운 밤을 밝히고
살아갈 길 아득하여 엉엉 울던 날
조용하게 어디선가 청량한 물 길어
한바가지 건네주는 그대

키워 온 꿈 산산이 깨지고
품은 기대가 모두 물거품 되던 날
허기 채워주며 무지개 희망실어
절망을 회복시켜 준 그대

헛된 세상사 깨우치고
오로지 그대 팔을 의지하여 가던 날
폭풍을 뚫고 돌아온 내 자리는
희망의 무지개

우리가 지향하는 세계

때론 연인들의 사랑보다
더 멋진 예술의 세계
만질 수 없을 듯한 신비의 세계

우정은 사랑만큼이나 달콤한
존재여서
우리의 좋은 우정은
우리를 더 높은 세계까지
이끌어줄 수도 있을 것 같다.

가을

여름이 가고 9월이 오면
옷을 갈아입고
바람은 춤을 추고 아름다운
사람이여
어느 별도 당신의 눈동자만큼
빛나지 않네
금정산 도랑물소리~~
가을 오는 이 땅이 좋다
금정마을 풍성한 고향 이웃사람
추석 어머니 집 곁으로 나는 왔다
낙엽 떨어지는 행복한 가을
돌아와 진정 아름다운 가을이 왔을 때

통곡

아픔이 스치고 간 뒤 곁에
내몰린 상처를
가슴이 안고 우네

눈이 짓물러
가슴에 내장이
녹아내리고

슬픔은
작은 입으로
태산을 토하네

쏟아 내린 눈물은
심장을 타고
바다를 이루고

찢어지는 통곡의 소리는
하얀 밤을
허공으로 삼켜 버린다.

세월호1

승객의 도움으로 구조된
애기의 어머니가 새벽
끝내 숨진 채 발견됐다
사고 당시 애기의 어머니는
마지막까지도 어린 딸을
구하기 위해
구명조끼를 입히고 등을 떠밀어
애기의 탈출을 도운 어머니
아~ 통곡의 바다야

세월호2

눈물 닦고 다시 학교로
단원고
휴교를 끝내고 처음으로
단원고
학생들을 교사들이
따뜻하게 안아주고 있네.

기도

기도는 나의 사랑
깊은 기도 속에
조용히 문이 열리고
은총의 빛 가득히 들어오네

그 빛을 받아
내 안에 온갖 좋은 선물이 자라고
나무는 잎이 돋고
꽃피고 열매 맺는다

기도는 세상을 구원하고
이웃사랑의 뿌리가 깊고 넓어지며
기도하면 할수록 더욱
사랑에 목마르게 된다

행복한 사람이여
기도의 사람은
하늘나라 행복을
미리 앞당겨 사네.

◈ 발문

따뜻한 눈으로

조호영 시조시인

雅號는 석호. 이타적 헌신으로 이웃사랑을 실천하는 인사로 〈예술은 우리들의 사상을 정화하고 영원을 향상시키며 정서를 순화하고 박애의 생활에 노력을 기울이게 하는 것〉이라는 러시아의 문호 톨스토이나 〈인생은 살만한 가치가 있다는 것이 모든 예술의 궁극적 내용이며 그것 또한 예술가로서 더 없는 위안이 된다.〉는 헤르만 헤세의 명언을 예술가 정신으로 삼아 문화예술진흥에 기여하고 있는 시인 겸 서양화가다.

그의 선대는 충의지사를 다수 배출한 명문의 후손으로 사물을 바라보는 통찰력이 뛰어나고 풍부한 정감을 지닌 시인으로 월간 국보문학 詩부문 신인상 수상작인 〈늠실늠실 출렁이며/ 굽이굽이 구비 치며/ 가뿐가뿐 따라 흘러/ 팔순의 강 건넜건만/ 이대로 굽이쳐 흘러가면/ 닿는 곳은 어딜까〉라는 그의 詩 〈강〉을 통하여 사물을 바라보는 남다른 세계를 느낄 수 있다.

부산광역시에서 儒門禮學을 가풍으로 하는 가정에서 태어나 사회적이고 정치적인 민주국 시련기에 적화통일의 망상을 버리지 않은 채 각종 무력도발로 인한 전쟁의 긴장 속에 생활하여 국가관이 투철하고 민족정신이 매우 강하며 仁義禮智信을 생활의 덕목으로 삼아 寧日이 없는 일가 속에서도 평생교육을 실천하며 자아계발에도 노력하며 힘쓰고 있다.

그는 월간 국보문학 詩부분 신인상을 비롯하여 부산여성 봉사사례에 〈진정한 봉사를 하면서〉로 당선되었고 다양한 행사를 통하여 지방 문화예술진흥과 사회공동체 및 지역주민의 정서함양에도 힘쓰고 있다. 또한 정도가 아니면 추종하지 않는 성품에 책임의식이 강하며 부산일보 홍보대사로 활동하면서 문학인구의 저변확대와 정의사회 구현에도 일익을 하였다.

항상 글을 쓴다는 것은 마음속에 쌓여있는 생각과 느낌을 발산시키는 작업으로 자신의 생각과 느낌을 밖으로 밀어내는 詩作 활동을 통하여 혼돈의 질곡을 넘어 질서와 화해의 새로운 지평을 열어가고자 노력하는 인사로 (사)대한민국국보문화협회 및 푸른하늘문화협회 등을 통하여 세상과 소통하고 있다.

매사에 이웃이나 사회를 위해 봉사하는 사람이 인간사회에 필요하다는 정신으로 힘들고 어려운 사람을 위해 어떤 나눔을 실천할 수 있는지 생각하고 배려하는 마음은 더욱 빛난다. 동네골목 청소와 교통정리 및 사랑의 도시락을 전달하면서 마주치는 이웃을 행복으로 여기고 인성회복과 정서함량에 노력하는 미담사례의 주역이다.

매사에 특별한 집착을 가지고 사리사욕이나 부귀영화를 추종하지 않고 자연의 법칙에 순응하며 자신의 안위를 돌보지 않는 정의로운 마을은 어지러운 세파 속에 더욱 반짝이고 있으며 신희옥공방 원장으로 활동한 시인이다.

두번째 시집을 내면서
– 독자를 위하여

이 책은 그동안 월간 국보문학 등에 발표한 나의 글을 묶은 것이다.

내가 문학을 공부하면서 읽었던 시인들의 詩 중에서 내 가슴속에 오래도록 남아 빛나고 있는 시들이다.

시의 감동은 멀리서 느리게 오나 오래도록 가슴에 남는다. 그래서 시다.

나는 많은 시들을 읽었다.

시 속에 묻혀 지냈다.

시를 읽고 또 읽으며, 나는 지난날 詩 속에 파묻혀 살던 날들을 그 푸른 떨림을 다시 느꼈다.

詩들을 재 수록하도록 허락해준 시인들께 감사드린다.

무더운 여름이다.

나는 겨울이 가면 봄이 오고, 여름이 오는 이 땅이 좋다.

이 여름, 나는 다시 금정산 마을 어머니 곁으로 왔다.